우리도 그렇게 살자

신의균 시집

을지출판공사

시의 세계는 아름답고 광활하다

–『우리도 그렇게 살자』 시집을 내면서

하늘과 땅과 바다와 그리고 그 가운데 있는 모든 것이 아름다운 시입니다. 빛과 어두움, 낮과 밤, 보이는 것과 보이지 않는 모든 것이 시입니다.

시의 세계는 아름답고 광활합니다.

원칙이 있고 느낌을 주고 감흥을 주고, 인간의 도리와 삶의 지혜를 주고 있기 때문입니다. 조화를 이루며, 소통을 원하고 나름 말을 하며 존재 의무를 다하기 때문입니다. 그래서 마음의 귀를 쫑긋 세우고 혼신을 다해 모든 존재의 음성을 들으며 인간의 도리와 삶의 지혜를 시로 드러내려고 나는 애를 썼습니다.

때로는 시를 쓰는 것이 두렵기도 했습니다.

"책장에 꽂혀 있는 책은 책이 아니다."는 말이 있습니다.

'내가 쓴 시가 책장에 꽂혀 있기만 한다면, 내가 쓴 시를 그 누구도 읽으려 하지 않는다면 그것은 시가 아니다.' 는 생각을 했습니다.

그래서 두렵고 두근거리는 마음으로 『우리도 그렇게 살자』는 시집을 감히 내놓아 봅니다.

이 시집을 읽는 모든 분들에게 감사합니다. 사랑합니다. 많이많이 즐겁고 행복하시길 기원합니다.

2022년 11월

신 의 균

■ 서문

천성적으로 월등하게 타고난 시인

최 양 희
〈문학평론가 · 한내문학 이사장〉

단풍 잎새가 곱게 물든 늦가을 맞아 신의균 시인이 『우리도 그렇게 살자』라는 제1시집을 발표하게 됐다. 신의균 시인의 이번 첫 시집 '시인의 말' 을 읽어보면,

"바람에, 하늘과 땅과 바다와 그리고 그 모든 것이, 아름다운 시입니다. 빛과 어두움, 낮과 밤, 보이는 것과 보이지 않는 모든 것들이 시입니다." 하고, 자신의 시상을 진솔하게 표현했다.

이렇듯 신의균 시인은 각박한 이 현실에서도, 보기 드문 시인으로서, 자연과 함께 세상을 감수성으로 포용하고 체험하면서 진솔하게 자연의 모든 형상의 사물을 시로 표현했다.

신의균 시인과 맨 처음 만났을 때 내게 이런 말을 했다.

"앞으로 내 인생 목표는 자서전을 쓰는 것"이라고

했다. 이렇듯 하고 싶은 자신의 의사를 밝히면서부터 시를 창작하기 시작하여, 시로 등단하면서 짧은 기간에 제1시집을 출간하기 위하여 110여 편이 넘는 많은 시를 창작했다.

근실히 창작한 많은 시를 꾸준히 보내왔는데, 그의 시들을 전체적으로 통합해 보면, 대자연을 노래한 시 속에는 자신의 인생관과 철학적 사상이 남다르게 가슴속에 배어 있다.

그의 시들을 읽을 때마다, 신의균 시인은 우리 문학 세계에 '천성적으로 월등하게 타고난 시인' 이라는 점을 여러 번 느꼈다.

그렇다. 신의균 시인은 자연의 소재를 충분히 활용하면서 자신의 정서를 이상 관념으로 서술한 창작시 〈하얀 박꽃〉이란 시를 공유해 보자.

모두가 고이 잠들어 쉬는 밤
홀로 활짝 피어난 하얀 박꽃
집을 지키는 그 묵묵한 사랑과
헌신이 참으로 아름답구나.

—〈하얀 박꽃〉 부분

“모두가 고이 잠들어 쉬는 밤 / 홀로 활짝 피어난 하얀 박꽃”

「하얀 박꽃」은 읽을수록 소박한 시인다운 시심을 자신의 가슴속에서 풀어낸 작품이다.

신의균 시인이 시로 등단할 때, 당선소감에서 이렇게 말했다.

“가장 낮은 흙바닥 잡초로 내려앉아 가장 높은 저 하늘과 자연과 세상의 소리에 귀를 기울이며, 선배님들의 뒤를 충실하게 따르겠습니다.”

이 얼마나 소탈하고 겸손한 마음인가. 그런 정신적 삶에서부터 신의균 시인은 자연에 순응하면서 사물을 보는 시심이, 독자들의 마음을 크게 움직일 것이 분명하다. 다음은 〈어머니를 추모하면서〉를 소개한다.

마음 아프다, 슬프다
외롭다, 원망스럽다
힘들다, 억울하다, 애가 탄다
시커멓게 타버린 내 가슴을 보라!

말씀 한 마디 없으셨는데
돌아오시질 않네요
이제 어머니의 그 한 많았던
말씀들을 듣고 싶은데…….

—〈어머니를 추모하면서〉 부분

사람은 누구나 부모님과 사별하게 되지만, 신의균 시인께서는 어머님과 일찍 헤어지고 나서, 길고 긴 그 세월 동안 얼마나 외롭고 그리워했을까? 그렇지만 사람의 운명은 어쩔 도리가 없는 법, 마음 그대로 서술한 시심이 순수하고도 문학적 특징을 갖고 있으며 또한 어머님이 너무 그립고 애절한 마음 그대로를 풀어냈다. 필자는 〈어머니를 추모하면서〉를 읽고서 마음이 빠근했다. 나 또한 내 어머님이 더욱 보고 싶었다.

다음은 〈아내의 아침 커피〉를 함께 음미해 본다.

이 아침에도 은근히 기다리던
아내의 커피 한 잔
이제 마셨으니
오늘도 좋은 날 행복한 날이다.

—〈아내의 아침 커피〉 부분

신의균 시인의 아내라는 원관념은 무엇일까.

위 시에서 창작한 그대로 아내는 절대자의 정신적 에너지일 것이며, 아내와 함께 가는 길은 마땅히 자연과 더불어 사는 길이고, 가정 길이라는 영원한 마음을 진솔하게 발표한 명시이다.

마지막으로 〈황혼 빛처럼〉이란 시를 소개한다.

아침 햇빛보다
더 아름다운 황혼 빛처럼

가을 인생 언덕에서
나의 황혼 빛도
저렇게 더 아름다우리.

–〈황혼 빛〉 부분

필자가 위의 시를 몇 편만 소개했지만 신의균 시인이 이번에 출간하는 시들은 모두가 하나도 손색없는 명시들이다. 신의균 시인은 '황혼'에 접어들면서 자신의 인생철학을 노래했다.

필자가 여기에 더하고 싶은 것은, 많은 시인들의 시집을 읽어봤지만, 신의균 시인은 이 시대에 그 어떤 시인들보다 월등하게 뛰어나다는 점이다.

여기에 더 중요한 것은 신의균 시인의 교회 목사이시다. 다른 목사 시인들은 종교적 시들을 많이 발표했지만, 신의균 시인은 목사님이지만 자신의 종교적 시는 한 편도 쓰지 않았다는 것이 특징이다.

또한 필자가 꼭 하고 싶은 말은, 신의균 시인은 대자연을 노래한 '자연주의 시인' 이라는 점을 강조하고 싶다.

끝으로 더 말한다면, 신의균 시인은 즉흥적이면서도 누구나 쉽게 공감대를 형성하는, 직유적 시상을 유연하게 잘 활용한다는 점을 강조하며, 기발한 자연관념의 시상으로 잘 표현하는 특징이, 그 어떤 시인들보다 뛰어났다는 점이다.

앞으로 '신의균 시인은 분명 독자들한테 많은 박수갈채를 크게 받을 만한 우상적인 시인' 이라는 점을 외치는 바이다.

2022년 11월 1일

차례

제 1 부 _ 최대의 삶

Contents

제3부 _ 하얀 박꽃

Contents

제 4 부 _ 아름다운 황혼 인생으로

제5부 _ 아름다운 낙엽 인생

Contents

제 1 부

최대의 삶

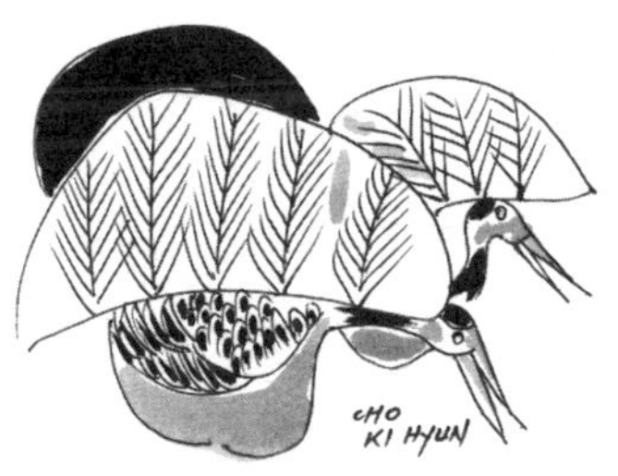

목숨을 걸지 않으면
꿈을 이룰 수 없기에
목숨 내놓고 짝을 부르는
절박한 몸부림의 사랑노래다

둥글게 더 둥글게 살자

달아달아 둥근달아
날카롭던 초승달이더니
둥근 지구를 돌고 돌아
둥근달이 되었구나

둥근 태양을 돌고 돌더니
지구도 둥글고
둥근 지구를 돌고 돌더니
달도 둥근달이 되었구나

둥근 지구 위성에 탑승하여
둥근 태양을 돌고 도는 우리도
상처주고 아프게 하던 우리의
네모난 마음이 깎이고 다듬어져

누구에게도 상처를 주지 않는
둥근 마음으로

배려하고 보듬어 주고 사랑하며
둥글게 더 둥글게 살자.

- 2022년 5월 둥근달밤에 -

태양처럼 사랑하자

검은 옷을
흰옷으로 바꾸어 입고
동녘 하늘 붉은빛 속에서
아름답게 솟아오르더니

멀고 먼 저 하늘에서
눈부시게 빛나고 있는 태양은
엄청 크고 둥근
사랑의 불덩어리인가 보다

생명이 살아가는 데 꼭 필요한
에너지인 빛과 열을 온 천지에
46억 년 동안 변함없이 무조건
공급해 주고 있으니 경이롭다

사랑을 먹고 살아야 하는
우리들의 사랑도 저 태양처럼
순수하고 변함이 없으면

참 좋겠다! 행복하겠다

사랑 하나로 살 수 있어
이 땅에 빈손으로 왔다가
사랑 하나만 가지고 갈 수 있어
빈손으로 돌아가야 하는 인생이니

우리도 저 태양처럼 순수하게
변함없이 뜨겁게 서로 사랑하자.

-2022년 3월에-

별빛이 되어 밝히자

저 멀고 높은 하늘에서
눈부시게 빛나던 태양이
검은 옷을 입었는가 보다
온 천지가 검고 캄캄한 밤이다

밤이 깊고 캄캄할수록
더 빛나는 별들은
어둡고 깜깜한 밤을
더욱 환하게 밝힌다

나 하나는 별 하나
너와 나는 별 둘
우리 모두이면
78억 개의 빛나는 별

우리 78억 개의 별빛이 되어
상실한 인성으로 어두워진

이 땅을 환하게 밝히며
손잡고 함께 걷자.

-2022년 3월 깊은 밤에-

제일 좋은 것은

동녘하늘 붉게 물들이며 치솟는
아침 햇살 보기에 참 좋구나
석양의 붉은 노을 황혼 빛은
보기에 더 좋구나

'국방부 합참본부 비워라'
'외교부장관 공관 내놔라'
'내가 쓰겠다'
대통령 권력도 부럽도록 좋구나

아침 햇살도 황혼 빛도 좋지만
밤하늘의 별빛도 봄꽃도 좋지만
명예 권력 지위 돈도 좋지만
세상에서 제일 좋은 것은 사랑이다

내가 모든 나라의 언어를 말하고
천사의 말까지 할지라도
내가 온갖 신비를 꿰뚫어 보고

세상 모든 지식을 가졌을지라도

내가 구중궁궐 같은 집에서 살고
최고급 승용차를 타고 다닐지라도
사랑이 없으면 모두
아무 소용이 없고 아무것도 아니다

세상에서 제일 좋은 것은
사랑이다
돈으로 사람은 살 수 있어도
사랑은 살 수 없다

사랑 하나만 있어도 살 수 있어 우리
빈손으로 세상에 왔다.

-2022년 4월 봄날에-

희망의 봄이 오는 소리

밀려드는 봄을 이기는
겨울은 없는가 보다
벌써 봄이 오는 소리가
이곳저곳에서 들려온다

철새들은 희망을 품고
무리 지어 쉬엄쉬엄
훨훨 북쪽으로
잘도 날아간다

짝을 만난 까치들도
희망을 품고
연신 나뭇가지 물어다가
신나게 신혼집을 짓는다

산골짜기 여흘 물도
희망을 품고
얼음 녹은 물방울 맞으며

더 넓은 세상을 향해 흘러 흘러간다

희망을 품고 어느덧
2월 열차에 몸을 실은 우리도
'나는 할 수 있다!' 외치며
목표를 향해 힘차게 달려가자.

-2022. 2. 14. 봄이 오는 길목에서-

인생의 봄은 한 번뿐

고운 단풍 따라 남녘으로 갔던 철새들은
봄바람 타고 다시 북녘으로 돌아가는데
훈풍에 떠밀려 사라졌던 봄은
겨울 끝자락을 지나 다시 돌아오는데
인생의 봄은 다시 돌아오지 않네

인생은
잠시 후면 시드는 풀과 같고
그의 영화는 순간에 떨어지는 꽃과 같고
찰나에 지나가면 그만인 그림자와 같으니

바로 오늘, 바로 지금을 금쪽같이 쓰고
지금 하고 있는 일에 최선을 다하고
지금 함께 있는 사람을 제일로 사랑하고
오늘 내 인생 끝나도 후회하지 말자

인생의 봄은 한 번뿐
인생의 계절은 다시 돌아오지 않으니

최선을 다해 인생 언덕을 값지게 오르고
아름답게 황혼 언덕길을 내려가자.

-2022년 4월 5일 돌아온 봄날에-

아내의 아침 커피

마음속까지 따뜻해지는
아내의 아침 커피 한 잔이
세상에서 제일 맛있다

아침 식사 후엔 언제나
아내의 커피 한 잔 기다림이
마치 갓난아기와 같다

이 아침에도 은근히 기다리던
아내의 커피 한 잔
이제 마셨으니
오늘도 좋은 날 행복한 날이다.

-2022년 1월 31일 아침에-

오늘도 함께 걸었다

임인년 새해가 밝으니
나는 92점, 아내는 90점
인생 80이면 90점
90이면 100점이라니 말이다

그래서 인생 100점을 향해
어깨를 나란히 하고
오늘도 우리는
함께 걸었다

건강을 잃으면
걸림돌
무거운 짐
모든 것이 헛되고 헛되니…….

-2022년 2월 1일 설날에-

죽음을 기억하라

죽음의 사자가 갑자기
이 세상에 뛰쳐나왔다
코로나19 바이러스다

심히 굶주린 맹수처럼
낮이나 밤이나 맹렬히
공격해 대고 있다

시골 도시, 국가 인종
신분 직위, 남녀노소
가리지 않는다. 3년째다

누구든 습격한다
누구든 죽을 수 있다
지금 모두 죽음에 대한
두려움을 경험하고 있다

코로나19 바이러스는

죽음을 깨닫게 한다
'메멘토 모리! 죽음을 기억하라!' 한다.

-2022년 2월 19일에-

죽음을 준비하라

세상에 갑자기 뛰쳐나온
코로나19 바이러스는
사람은 다 죽는다는 것을
새삼 깨닫게 한다

우리는 죽음 앞에서 삶을 배운다
올바로 살아야 한다
몸가짐도 말도 행동도 조심해야 하며
죽음도 준비해야 한다

죽으면 모든 게 끝나는 것이 아니다
죽은 후엔 반드시 행한 대로 심판을 받는다
그리고 심판 결과에 따라 가는 곳이 있다
영원한 행불행이 갈린다

우리는 언제, 어디서, 어떻게 죽을지 모른다
그래서 항상 죽을 준비를 하고 있어야 한다

죽음이 준비된 사람은
하늘나라에 갈 수 있는 사람이다
음산한 죽음의 골짜기를 지날지라도 결코
두려워하지 않는 인생을 성공한 사람이다

코로나19 바이러스는
'죽음을 준비하라!' 촉구한다.

-2022년 2월 19일에-

우리는 희망을 본다

추운 겨울은 가고 따스한 봄은 오는데
움츠렸던 만물은 희망의 기지개를 켜는데
이 땅 위엔 어디나 썩은 냄새를 피우는구나

사람은 나면서부터 악한 마음을 품게 마련이니
정의는 외면당하고 진리가 짓밟히는 이 땅은
악행 전쟁 바이러스로 모두 두려움에 떨고 있다

태양이 있고 땅이 있는 한
뿌리는 때와 거두는 때
추위와 더위, 낮과 밤은 쉬지 않고 오리니

눈보라 속에서도 눈망울을 틔우는 매화에서
눈 덮인 겨울의 밭고랑에서도 뿌리를 뻗는 보리에서
차갑게 굳어버린 흙짐도 비집고 피어나는 들꽃에서
희망을 보듯

꿈과 희망을 품고 정의롭게

순수하게 꿋꿋이 자라가는
이 땅의 청소년들에게서
우리는 희망을 본다.

-2022년 3월 2일 봄이 오는 길목에서-

그리움으로 남기고 싶구나

새해 새봄 되니
길가 작은 생명의 꽃
예쁘게 또다시 피어났구나

봄기운 햇살에
마음껏 자라고
한껏 아름다움을 뽐내 보거라

나의 마음에
그리움으로 남기고 싶구나
시들고 지기 전에…….

-2022년 3월 죽정동 농로를 걸으며-

소중한 인생의 날개를 펴리라

꿈을 잃은 청소년들
희망 잃은 독거노인들
사랑 없어 탄식하는 영혼들
주변에 널려 있네

우리가 받은 참사랑
우리를 통해
하늘을 보고 땅을 보고
탄식뿐인 그들에게도 흘러가면

차갑게 굳어버린 흙덩이에 눌려
숨죽이고 아파하던 소중한 생명들이
따스한 봄기운에 그 흙짐 비집고
새파랗게 솟아오르고 꽃을 피우듯

꿈과 희망 가득 품고
소중한 인생의 날개를 펴리라.

-2014년 3월 23일-

* 참사랑 : 그리스도적 사랑(charity), 자비.

최대의 삶

4주 시한부 매미의
애절한 노래가
바람을 타고 요란하다

목숨을 걸지 않으면
꿈을 이룰 수 없기에
목숨 내놓고 짝을 부르는
절박한 몸부림의 사랑노래다

지금
할 수 있는 것이 무엇이냐

최선을 다하라
최선을 다하는 삶은
최대의 삶이다.

-2022년 8월 여름 끝자락에서-

길가 작은 생명의 꽃 (1)

새해
새봄 되니
길가 작은 생명의 꽃
다시 피었네

한풍 한설 흙짐 이겨 내고
아주 작은 생명 새싹으로
방긋이 얼굴 내밀더니
꽃을 피웠네

봄바람 햇살에 다시 피어난
길가 작은 생명의 꽃
마음에 담고 즐거워하니
입술이 기뻐 찬양하며 걸어가네

길가 작은 생명 하나도
그렇게 꽃을 피우고 아름답구나
아주 작은 생명 하나도
그렇게 강하고 귀한 것이구나.

길가 작은 생명의 꽃 (2)

생명이 있으면
작아도 아주 작아도
그렇게 한설 한풍 굳은 땅도
견디어 낼 수 있고

새봄 땅기운을 만나면
봄바람만 불어줘도
다시 일어나는구나
다시 피어나는구나

생명 있으니 작아도
희망이 있구나
꿈을 꾸는구나
꽃을 피우는구나

아, 생명 있음이 귀한 것이구나
감동이고 행복이고 희망이구나

가장 귀한 것은 생명이다
생명을 잃게 되면
모든 것을 잃게 된다

그런데 왜 이 귀한 생명을 밟아버리느냐
그런데 왜 이 귀한 생명을 꺾어버리느냐
그런데 왜 이 귀한 생명을 버리느냐.

길가 작은 생명의 꽃 (3)

이 귀한 생명을 십자가에 던져버리고
자신의 생명을 주신
예수 그리스도의 참생명은
더, 더, 더 귀하다

죽어도 다시 사는 생명
영원히 행복하게 사는 생명
죽음이 준비되는 생명
하늘나라로 가는 생명이로다

오직 예수를 믿음으로만 얻는
이 귀한 생명이 있는가.

-2021년 3월 16일 죽정동 농로를 걸으며-

제 2 부

하늘에서 내리는 이슬

하늘에서 내리는 이슬은
풀잎 나뭇잎을 촉촉이 적시어 주고
땅속으로 흘러가 생명을 살리는
이 땅의 생수가 되니

나뭇가지 연한 햇순

따사한 봄 햇살 땅기운에
앙상한 나뭇가지들
연한 햇순 돋아나
희망을 노래하는구나

거친 바람 불볕 이겨 내고
파릇파릇 자라나
녹음 짙은 그늘 되어 주고

오색 빛으로 물들여
마음껏 가을 향연을 펼치는
값진 단풍이 되어라

아름다운 낙엽으로
빙그르르 춤을 추며
내려앉을 수 있도록.

-2022년 3월 봄날에-

봄이 기다려진다

바람은 아직 쌀쌀한데
봄이 다가오는 소리에
마음이 예민해진다

지난봄 햇살에 피어났던
길가 작은 생명의 꽃
다시 피어날 수 있을까

한 걸음 걷고 길가를 바라보고
두 걸음 걷다 길가를 내려다보고
세 걸음 걷다가 더 가까이 살펴본다

너를 향한 나의 그리움이
너를 기다리는 나의 마음이 먼저
애정의 싹을 틔우고 꽃을 피운다

너를 향한 나의 사랑이
엄마 젖을 기다리는 아기처럼
설렘으로 봄이 기다려진다.

-2022년 3월 보령죽정동 농로를 걸으며-

봄비는 생명수

차갑고 모진 겨울 끝을 지나
희망 가득 품고
봄날 다시 오니
봄비도 따라 오는구나

보슬보슬 내리는 봄비
생명수로다
회색빛을 파란빛으로
세상을 바꾼다

먼지 덕지덕지한 들풀 씻어주고
굳어버린 흙덩이 부드럽게 하고
단단한 씨앗 싹트게 하고
햇순 꽃잎 활짝 터 준다

풀꽃 진달래 벚꽃 피고
겨울잠 깨어난 동물들은 뛰고
산자락 들녘은 열매 풍성하고

세상은 활력이 넘치리니

봄비는
단비 생명수로다.

-2022년 3월 첫 봄비 내리는 날에-

황금빛 민들레야

길고 모진 겨울 이겨 내고
희망에 찬 봄날 다시 오니
길가 민들레야 너도

새봄 따라 다시 피어나
햇살 머금으며 황금빛으로
환하게 웃고 있구나

파릇파릇 솟아오르는 들풀들
다시 피어난 작은 풀꽃 사이에서
함께 기뻐하니 더욱 아름답구나

희망으로 가득 채워 준
저 높은 하늘 우러러 보며
너는 감사하고 있겠지?

더 고상하고 우아하게 백발이 되거든
밝은 미래로 춤을 추며 날아가
꿈을 이루거라!!

-2022년 3월 희망찬 봄날에-

새롭게 고쳐 주소서

새봄 봄바람이 만물을
겨울잠에서 깨우고
기지개를 켜게 하듯

새봄 햇살이 삼라만상을
미소 짓게 하고
아름답게 조명해 가듯

새봄 봄비가 온 누리를
깨끗이 씻어내고
맑고 푸르게 바꿔 가듯

바람 같은 영, 거룩한 영이여
잠든 영혼 깨워 주시고
탐욕으로 찌든 마음 씻어주소서

죽은 영혼 살려 주시고
병든 이 땅 고쳐 주시고
열정이 되살아나게 하소서.

-2022년 3월 새봄에-

우리, 봄의 사람으로 살자

와, 봄이 왔다

생명이 풍성한 봄
희망이 넘치는 봄
기쁨이 충만한 봄이다

생명이 풍성한 봄이 오니
흙짐 비집고 생명의 싹이 솟아오른다
나뭇가지에 생명의 싹이 돋아나고
회색 땅이 파란 세상으로 다시 태어난다

희망이 넘치는 봄이 오니
씨앗을 뿌리는 대로 새싹이 솟아난다
심은 대로 열매 맺고
백 배로 거두게 되리라

기쁨이 충만한 봄이 오니
온 누리에 꽃이 피고

나비 춤추고
종달새 노래한다

우리, 봄의 사람으로 살자
살리자
희망을 주자
기뻐하게 하자.

-2022년 3월 봄날에-

4월엔 더욱 그리워지는 어머니

새봄 4월이 되니 팔순이 넘었음에도
어린아이처럼 더욱 그리워지는 어머니!

추모일인 22일을 기다리지 못하고 홀로
묘지에 1시간 20분을 달려 왔는데
어머니는 아무 말씀이 없으시다

30세 청춘인데
어린 3남매를 떠넘기고 병사한 남편을
5년 후 열병으로 생명을 잃은
초등 4학년 어린 딸을
평생 가슴에 묻고 사신 어머니이시다

두 아들의 진학을 거부한 시아버지와
대를 이은 시동생 부부가 주는 서러움에
시어머니의 모진 시집살이에
숯덩이처럼 시커멓게
속이 다 탓을 어머니이시다

아침부터 호미 들고 들에 나가
해 질 때까지 온종일 뙤약볕 아래서
땀과 눈물을 수십 년 밭고랑에
흥건히 쏟으셨을 어머니이시다. 그럼에도

그 많은 아픔들을 말씀하신 적이 없고
민들레처럼 일편단심 흔들림 없이
큰아들과 함께 장손의 가문을 묵묵히
잘 지켜 오신 어머니이시다

묘지 주변을 조심스럽게 둘러보는데
30세에 홀로 되신 후 53년을 사시다 가신
어머니께서 제비꽃 5개, 민들레꽃 3개로
아무 말씀 없이 나를 크게 반겨 주신다

어머니 묘 앞에 서서 묵도하고 있는데
가장 기쁘고 평화로운 천사의 얼굴로
누우신 채 나를 바라보고 계시다

저 낙원에서 언제나 그렇게
나를 바라보고 계시는가 보다

83세에 돌아가신 어머니의 장례를 마치고
'이제까지는 형이 어머니 모시느라
고생 많이 했으니
앞으로 어머니 제사는 내가 맡을께!'

자청하고 22년째이지만
살아계실 때 한 번도 모시지 못하고
한 번도 제대로 효도하지 못한
불효뿐이었던 것이 두고두고 마음 아프다

'돌아가신 뒤에
제사 잘 차리면 무슨 소용 있나!'
'돌아가신 후에 후회하지 말고
살아 계실 때 잘해!' 진리다.

-2022년 4월 1일 새봄에-

봄맞이 꽃 개나리

매서운 겨울 추위 이겨 내고
노랗게 꽃을 피운 개나리가 양지에 서서
'모질고 매서운 겨울 추위를 이겨 냈다' 고
'희망의 봄이 내게 제일 먼저 왔다' 고 뽐낸다

잘했구나
기쁨과 희망이 가득 차 보이는구나
밝고 활력이 넘쳐 보이는구나
승리와 희망의 노래를 마음껏 불러 보거라

암꽃나무 수꽃나무 키 자랑만 하지 말고
허리를 더 굽혀 겸손히 배려하고 사랑함으로
내가 더 많이 당신을 사랑한다는 깊은 정을
너를 바라보는 이들이 더 부러워하게 하라.

-2022년 3월 개나리를 바라보며-

봄 햇살의 따뜻한 사랑

4월의 봄이 왔다
4월의 봄 햇살은 따뜻하다
4월 봄 햇살의 따뜻한 사랑은
차별하지 않는다

누구에게나 찾아가 주고
누구에게나 골고루 비춰 주고
누구든 따뜻하게 감싸주고
무엇이든 생명을 부지하게 한다

4월 봄 햇살의 따뜻한 사랑은
변함이 없다
언제든 찾아가 주고
언제나 감싸준다

봄 햇살처럼 우리 서로 사랑하자
사람 차별하지 말고

언제나 따뜻하게 감싸주고
한 생명을 천하보다 더 귀하게 여기자.

-2022년 4월 3일 봄날에-

아름다운 황혼 인생

하루의 햇빛 중에서
가장 아름다운 때는
저녁노을 황혼 빛이다

우리도 황혼 인생 언덕을
더 우아하고 아름답게 오르자

모든 일에 감사하며 살자
열정을 가지고 꿈을 이루어 가자

상대를 배려하고 사랑하며
어우렁더우렁 살아가자

하루하루를 순간순간을
최선을 다해 살아가자

하늘나라를 바라보고
사람답게 살자

아름답게 나이 들어가고
황혼 인생 언덕길을
행복하게 내려가자.

-2022년 6월에-

희망이 가득한 봄

희망이 가득한 봄
제비꽃 봄소식을 따라 강남 갔던
제비마저 고향 집으로 돌아오듯
희망 가득한 4월의 봄이 돌아왔다

힘겨웠던 겨울이 지나가고
강남 갔던 제비 돌아오듯
힘들었던 모든 일이 정리되고
평화롭고 희망이 가득한 삶

활짝 피는 봄꽃들처럼
웃음꽃이 활짝 피어나는 삶

얼어붙었던 대지를 깨우는
4월의 봄기운으로 한 해를
또다시 힘차게 살아내야 하는
희망이 가득한 봄이다.

–2022년 4월 4일 봄날에–

뽐내고 있는 벚꽃이여

춥고 힘든 겨울 끝을 지나 돌아온
봄기운에 피어난 남쪽 나라 벚꽃

그 기운 봄바람 타고 올라와
흰 눈송이처럼 벚나무마다 어느새
수북이 쌓여 아름다움을 뽐내고 있구나

모여드는 수많은 팬들의 탄성에
나비처럼 춤을 추며
아름다움을 더욱 뽐내고 있는 벚꽃이여

아름다움에 끌려
많은 사람들이 박수치며 몰려들 때
우쭐대며 교만하지 말고 겸손하여라

이슬비에도 한순간에 떨어질 수 있고
소소한 바람에도 덧없이 날아갈 수 있으니…….

-2022년 4월 10일 벚꽃을 바라보며-

노랑나비야

모든 생물의 희망인
봄이 돌아오고
에너지 공급원인 햇살이
조용히 내려와 따뜻하게 품으니

모진 추위에 움츠렸던 생명들이
꽃을 피우고
꽃들의 희망인 노랑나비 춤을 추며
이 꽃 저 꽃을 찾아다닌다

봄바람 봄 햇살에 춤을 추며
차별하지 않고 이 꽃 저 꽃
찾아다니는 너의 모습이
참으로 아름답고 사랑스럽구나

노랑나비야 풀꽃들을 찾아다니며
기쁜 소식을 전했느냐

희망을 주었느냐
꿈을 이루도록 도와주었느냐?

-2022년 4월 12일 죽정동 농로를 걸으며-

꽃과 나비들

흰나비 노랑나비 살랑살랑 춤을 추며
이 꽃 저 꽃을 즐겁게 날아다닌다
따사한 봄 햇살이 좋아
나들이를 나왔는가 보다

이 꽃 저 꽃에서 잠시 머물며 즐기다가
춤을 추며 살랑살랑 나들이를 계속한다
크게 반기는 꽃들은 한결같이
제일 좋은 꿀을 내주어 융숭히 대접하고

나비들은 이 꽃에서 저 꽃으로
사랑의 씨앗을 날아다 주어
열매와 씨를 맺어 자손을 퍼뜨리게 하고
꽃들의 꿈을 이루어 준다

사랑함으로 서로 돕고
서로 희망이 되어 주고

꿈을 이루어 주며 공생공존 하는 삶이
참으로 아름답구나! 행복하겠구나.

-2022년 4월 15일 죽정동 농로를 걸으며-

무슨 말을 쓰고 싶으냐

4월의 봄 아침 햇살이 내려와
어두웠던 세상을 밝히니
살아 숨 쉬는 온 누리가
참으로 아름답다

눈을 들어 위를 바라보니
티 하나 없이 깨끗하고
연푸른 하늘 종이가
넓게 펼쳐져 있다

'저 넓고 깨끗한 하늘 종이에
무슨 말을 쓰고 싶으냐'

멈칫 생각하다가 나는
마음의 큰 붓을 들어 이렇게 썼다

감사합니다
사랑합니다
행복합니다!

-2022년 4월 19일 아침에-

어머니를 추모하면서

어머니!
아주 멀리 가셨는가 봅니다
집을 떠나신 지 벌써 22년인데
소식도 없습니다

30 고운 청춘에
어린 삼 남매를 떠안으신 후
53년을 홀로 사신 어머니!

모진 시집살이, 층층시하에
자유를 잃은 온갖 서러움
대가족 대농의 짐을 떠안은
맏며느리의 고통

어린 딸을 잃고
두 아들의 장래 걱정에
매일 밤을 눈물로
베개만 적시었을 어머니이신데……

마음 아프다, 슬프다
외롭다, 원망스럽다
힘들다, 억울하다, 애가 탄다
시커멓게 타버린 내 가슴을 보라!

말씀 한 마디 없으셨는데
돌아오시질 않네요
이제 어머니의 그 한 많았던
말씀들을 듣고 싶은데…….

-2022년 4월 22일 22주기 추모일에-

가장 소중한 것은

나는 나다!
나는 소중하다
세상에서 가장 소중한 것은
바로 나다

나보다 더 소중한 것은 없다
내가 없는
천지 만물 모든 것들은
아무것도 아니다

나는 나를 제일 먼저 사랑한다
내가 가장 소중하기 때문이고
모든 것들은 내가 살아 있을 때만
존재 가치가 있기 때문이다

세상에 쓸모없는 것은 하나도 없다
잡초도 필요해서 존재하는 것이고
살아서 의무를 다해야 하는 것이다

나도 그렇다

무가치한 인생은 없다
나는 천하보다 더 귀하고 소중하다
그러므로 나의 존재 의미로
세상을 아름답게 살맛나게 해야 한다.

-2022년 5월 17일-

하늘에서 내리는 이슬

5월의 첫날 아침 햇살이
계절의 여왕인 화창한 5월을
활짝 열었다

향기로운 5월의 아침 햇살에 취한
축제 같은 연둣빛 산야의 풍경이
마음을 설레이게 하고

햇살 머금은 영롱한 아침 이슬이
길가 풀잎에서 수정보다 더
맑고 빛이 난다

하늘에서 내리는 이슬은
풀잎 나뭇잎을 촉촉이 적시어 주고
땅속으로 흘러가 생명을 살리는
이 땅의 생수가 되니

나도 하늘에서 내리는
이슬이 되리라.

-2022년 5월 첫날 아침에-

분홍 진달래꽃

사랑스런 분홍 진달래꽃이 피었다
봉황산 산자락에도 봄이 온 것이다
나도 반가운데 수줍은 듯
핑크빛 얼굴로 나를 반긴다.

가만히 다가가 고운 핑크빛 꽃잎에
사랑스러워 살며시 입을 맞췄다
아름다운 생명의 꽃잎을 똑 딸 수 없었다
그 귀한 생명의 꽃가지도 꺾을 수가 없었다

철없던 시절 초등학교 오가며
진달래 꽃잎을 따먹던 일
분홍 꽃가지 꺾어다가 빈병에 꽂아 놓고
좋아하던 그 옛날 어린 시절 생각이 난다.

-2022년 4월 11일에-

제 3 부

하얀 박꽃

모두가 고이 잠들어 쉬는 밤
홀로 활짝 피어난 하얀 박꽃
집을 지키는 그 묵묵한 사랑과
헌신이 참으로 아름답구나.

잡초의 일편단심

봄기운 봄비에
파릇파릇해진 잡초들이
함께 어우러져
무성하다

모양도 없다
향기도 없다
쓸모도 없다
무시하지 마라

사정없이 후려치는 태풍에
가로수는 넘어지고 부러져도
잡초는 흔들릴 뿐
부러지지 않는다

숨통을 끊어버릴 듯이
천둥 번개를 쳐도
제멋대로 살아가는 들개들에게

무시당하고 짓밟혀도

부당하다 무정하다 항거하지도
물러서지도 포기하지도 않고
일편단심 자리를 지키는
잡초다.

-2022년 잡초 무성한 5월에-

잡초는 행복하다

가장 낮은 땅바닥에 내려앉은
겸허한 잡초는 행복하다

아무 공로 없이 날마다
햇살의 에너지를 공급 받고
천지의 생명수를 공급 받는다

풀벌레와 흙 속의 지렁이
온갖 새와 짐승들
세상과 오가는 모든 사람들
밤하늘의 저 수많은 별들

그리고 자연과 저 드높은
신비한 우주의 소리를 다
들을 수 있으니 행복하다

언제나 어느 때나 무엇이든
가장 낮은 곳에 내려 앉아 있는

잡초는 전혀 의식하지 않으니

그래서 보내진 그 자리에서
마음껏 존재하는 의미로
세상을 빛낼 수 있으니
잡초는 참으로 행복하다.

-2022년 5월에-

꿀벌의 사랑

아카시아 꽃 향기롭고
꽃비 내리는 5월
꿀벌들은 더욱 분주하고
꿀벌 집은 매일이 잔칫날이다

꿀벌은 꿀을 절대 혼자 먹지 않는다
꿀을 발견하면 집으로 돌아와
춤을 추며 날갯짓으로
가족들과 소통을 한다

꿀이 얼마나 멀리 있는지
얼마나 많이 있는지
어느 방향으로 가야 하는지
숨김없이 모두 다 알린다

그러면 몇 마리를 파견해야 하는지
결정하고 협력해
함께 꿀을 모아 가고

함께 저장하고 함께 꿀을 먹는다

함께 소통하고
함께 일하고
함께 누리는 꿀벌 가정은
참으로 행복한 사랑공동체다.

-2022년 5월에-

철쭉꽃 울타리

길가 집 울타리를 따라
길게 서 있는 연분홍 철쭉꽃이
빨간 연산홍과 함께 어우러져
행인들을 정겹게 맞이한다

바쁜 걸음 잠시 머뭇거리게 하고
우울했던 얼굴 펴지게 하고
사랑하는 이를 생각나게 하고
미소 짓게 하니

정이 많고
사랑이 많고
성품이 좋아
기억해 주는 친구들이 많겠구나.

-2022년 5월 4일 마을 길을 걸으며-

밤꽃 향기

밤꽃 향기 풍성한 바람 불어오니
산지가 녹음 짙어지는
신록의 계절이 활짝 열렸다

사랑 냄새 가득한 밤꽃 피니
꿀벌들은 더욱 활기차고
소쩍새 뻐꾸기 소리는
더욱 구슬프구나

강인한 회색 밤꽃 산자락에서
바람 타고 손을 흔들어 대니
그 포근한 사랑이
더욱 향기롭고 아름답구나

누구든 반겨 주는 밤꽃 향기
꿀로 열매로 나무로 꽃으로
누구든 이롭게 하니 공평하고
정의롭고 사랑 냄새 가득하구나.

-2022년 6월에-

꽃의 여왕 장미꽃

계절의 여왕 5월에
꽃의 여왕인 장미꽃이
아름답게 피기 시작했다

담장에서 울타리에서
정원에서 화분에서
모두모두 앞에
자랑스럽게 피어났다

뜨겁게 사랑하고
열정적으로 살자고 빨갛게
깨끗하고 순결하자고 하얗게
우정 변치 말자고 노랗게
행복하자고 분홍 장미로 피었다

불순하면 안 된다
미지근하면 안 된다
거짓이면 안 된다

피를 보는 심판이 있다

우리 진실로 사랑하자
우리 열정을 다해 살자
우리 깨끗하게 살자
우리 감사하고 행복하자

10월까지 계속 피고 지며
외치는 장미꽃
꽃의 여왕답고 아름답구나.

-2022년 5월에-

호박꽃도 꽃이다

아침 이슬 흠뻑 머금은 호박꽃
6월의 아침 햇살에
황금빛으로 환하게 웃으며
'호박꽃도 꽃이다' 자랑을 한다

힘 자랑하며
쭉쭉 뻗어 나가는 호박 넝쿨
크고 넓은 녹색 잎 사이에서
활짝 피어난 노란 호박꽃

'나는 부족함이 없다'
풍요로움을 과시한다

벌 나비 살랑살랑 춤을 추며
찾아 들게 하고
행인들의 시선을 끌어
마음에 심어 드는 노란 호박꽃

정감이 넘치는
꽃 중 꽃이요
꿈을 풍요롭게 하는
희망의 꽃이로다.

-2022년 6월에-

하얀 박꽃

석양 노을 황혼빛에
순박한 하얀 박꽃
빙긋이 미소 지으며
피어나기 시작한다

둥근 보름 달빛에
활짝 피어난 하얀 박꽃
살포시 내려앉은 은빛 달빛에
더욱 고상하다

밤이 새도록 담장 위에서
집을 지켜보던 하얀 박꽃
핑크빛 아침 햇살에
아기처럼 슬그머니 잠에 든다

모두가 고이 잠들어 쉬는 밤
홀로 활짝 피어난 하얀 박꽃

집을 지키는 그 묵묵한 사랑과
헌신이 참으로 아름답구나.

-2022년 6월 보름달 밤에-

백일홍 나무꽃

뜨거워진 여름 햇살에
더욱 빨갛게 피어난
백일홍 나무꽃

뜨거운 사랑과 열정에
더욱 풍만해진 젖가슴 같고
더욱 빨개진 얼굴 같구나

매섭고 모진 겨울바람에
더러워지고 굳어지고 찌든
겉옷(껍질) 벗어버리니

가면을 벗어버리고
구습 구태 흑심 몽땅 떨쳐버리고
확증편협증 세속의 욕망 모두 버리고
우리 새롭게 태어나자

하늘을 우러러 빨갛게 풍성히 피어난

백일홍 나무꽃
그 모습으로…….

-2022년 7월에-

무궁화

무진장 피어나는 꽃
무궁화가 피어나기 시작했다

꽃이 지면 또 피어나고
핀 꽃이 떨어지면 이어 또 피고
중단 없이 무진장 피어나니
너의 이름이 무궁화구나

시들하다고 낙심하지 않고
졌다고 포기하지 않고
떨어졌다고 좌절하지 않고
새롭게 줄기차게 피어나니

그 도전 그 끈기
그 절개 그 일편단심
그 충직함 그 승리
참으로 강인하고 아름답구나

줄기차게 쏟아지는 장맛비에도
수시로 몰아치는 태풍에도
내리쬐는 불볕더위에도 꿈쩍 않고
여름 내내 피어나는 무궁화

끈기 있게 도전하고
새롭게 무진장 발전해 가는
선진국으로 우뚝 솟아 오른
대한민국 나라꽃답다.

-2022년 7월에-

사계절 저녁노을

개나리 민들레
나비 춤추게 하고
아카시아 밤꽃
꿀벌 땀 흘리게 한다

입 다문 달맞이꽃 짙은 녹음
매미 짝을 부르게 하고
코스모스 한들한들
잠자리 쉬어 가라 한다

머리 숙인 벼이삭 붉은 사과
농부들 숨 가쁘게 하고
높고 푸른 하늘
기러기 남쪽으로 보낸다

하얀 눈꽃
고달픈 만물 단잠 자게 하고
북쪽에서 달려온 찬바람

개나리 진달래 바라보게 한다

지나간 계절은 다시 오는데
인생의 계절은 다시 오지 않네

그러니 사계절 저녁노을
인생 황혼을 더욱 빛내
더 좋은 다음 세상길을
잘 찾아가라 한다.

-2021년 10월 22일에-

누가 했느냐

동녘 하늘에
슬그머니 떠오른 아침 해가
봉황산 아파트촌 들녘에
조요히 햇살로 내려앉고

밤새도록 초목을 마구 뒤흔들며
빗물에 세탁하던 바람이
구름 한 점 남겨 놓지 않고 물러나니
봉황산 자락이 더욱 선명하구나

고개 숙인 들녘 벼이삭들은
한들한들 춤을 추며 축가를 부르고
푸르고 높은 하늘은
가을 문안 인사를 한다

누가 봉황산 꼭대기 나뭇잎 하나까지
비바람으로 씻어냈느냐
누가 봉황산 아파트촌 들녘에

조요히 햇살을 내려앉게 했느냐

누가 들녘의 고개 숙인 벼이삭들이
춤을 추며 노래하게 했느냐
누가 저 높고 푸른 하늘이
가을을 말하게 했느냐

창조주 하나님
만유의 주 야웨이시니라!

-2021년 10월 7일 아침에
보령죽정동 농로(農路)를 걸으며-

나뭇잎 인생

창밖 나뭇잎
어제 다르고
오늘 다르구나

연한 초록
짙은 녹색이더니
노란빛이 주황이 되고

붉게 물들어
아름답더니
갈색 되어 떨어지는구나

너도 한 시절
나도 한 시절인데…….

-2021년 가을에-

낙엽 같은 인생

눈 한 번 깜박하는 사이에
낙엽 하나가 땅에 떨어졌다

느닷없이 낙엽 하나가 뚝 떨어지듯이
내 인생 말년도 그러하리라

그렇게 어느 날 갑자기 죽는 것이
오복의 하나인 고종명(考終命)이니

그것은 불행이 아니라
큰 복이다.

-2021년 늦가을에-

황혼 빛처럼

저 높은 가을 하늘 새털구름
황혼에 더 아름답구나

저 높은 서쪽 하늘 끝
새털구름에서 황혼 빛이
더 아름답구나

아침 햇빛보다
더 아름다운 황혼 빛처럼

가을 인생 언덕에서
나의 황혼 빛도
저렇게 더 아름다우리.

-2021년 10월 25일에-

낙엽 길을 걸으며

싸늘해진 바람에 수북이 쌓인
낙엽 길을 걸으며
작은 행복을
잠시라도 느껴 본다

이젠 가을보다는
겨울 느낌이 물씬인데

올 한 해 남은 날들을
잘 마무리 하기 위해
늦가을 끝자락을 따라
후회 없는 시간을 잘 보내야겠다.

-2021년 11월 늦가을 끝자락에서-

아름답게 살다 갔노라

금강산 설악산 붉게 물들이더니
벌써 차령산맥 줄기 타고 달려온
고운 단풍아

마음 설레이게
성주산 봉황산에서도
형형색색 물들이고 있구나

산마다 골마다 오색 빛깔로
타오르고 있는 아름다운 단풍아
가을의 향연이 너무도 아름답구나

너도 한세상 나도 한세상
왔다 가는 건 마찬가지인데
아름답게 살다 갔노라
나도 그 말 들으면 좋겠구나.

-2021년 11월 늦가을에-

제 4 부

아름다운 황혼 인생으로

하늘을 우러러 한 점
부끄러움 없는 삶을 살고
아름다운 황혼 인생으로
새해를 맞이하자

새해엔 참 빛에

동녘 하늘 붉게 물들이며
황금빛 둥근 해가
힘 있게 솟아오르니

어두움에 묻혀
지난해가 물러가고
새해가 밝았다

새 아침 밝은 빛에
하늘은 푸르고
온 누리는 더욱 새롭다

새해엔 참 빛에
새 생명을 얻고
희망의 흰 옷을 입자.

-2022년 첫날 아침에-

바람 같은 인생

남쪽으로 갔다 북쪽으로 돌아가는
옷깃을 여미게 하는 쌀쌀한 바람아
이리 돌며 저리 돌아
왔던 곳으로 돌아가는 거겠지

나도 너처럼
이 세상 잠시 왔다가
이리 돌며 저리 돌아
돌아갈 인생인데

할 일 다 하고 이제
아름다운 황혼 빛으로
가을 인생 언덕을 넘어
돌아가야 할 때가 다가오는구나

나는 돌아갈 곳이 있으니
희망이 있구나
행복하구나.

-2021년 11월 늦가을에-

아침 안개 인생

조요히 잠들게 했던 어두움에서
겨우 헤어난 온 누리를
이어 무겁게 덮어버린
기세등등한 아침 안개여

중천에 떠오른 햇빛에
힘없이 찰나에 사라졌구나

잠시뿐인 아침 안개 인생인데
소중한 생명을
세상 판돈으로 내걸고
너도나도 힘자랑들 하는구나

저 맑고 푸른 하늘 우러러
한 점 부끄러움 없어야 할 텐데
하늘은 잊은 채
'나는 한 점 부끄러움이 없다'

손바닥으로 하늘을 가리고
양심을 덮으려들 하는구나
하늘 손바닥 안에 있는
아침 안개 인생인데.

-2021. 11. 20 안개 걷힌 아침에-

이제 다 이루었다

가을 낙엽들이 이제
제법 바닥으로 내려앉았다

어느 바람에 떨어지는 줄도 모른 채
빙그르르 휘돌며 내려앉는 낙엽이
멋지고 아름답다

태워버릴 듯이 내리쬐는 뜨거운 햇볕
떨어져 나갈 듯한 비바람도
열매 맺게 하기 위해 버텨 내고

매섭게 추운 겨울 대비시키기 위해
마지막까지 안간힘 쓰느라
검붉게 타버리고 메말라 버리다

이제 다 이루었다
할 일 다 하고
떳떳하게 빙그르르 춤을 추며

바닥으로 살며시 내려앉는 낙엽이여
참으로 멋지고 아름답구나.

나도 멋진 가을 낙엽처럼
이제 다 이루었다
할 일 다 하고
행복의 미소 지으며 내 본향
황금 길에 살며시 내려앉고 싶구나.

-2021. 11. 26 늦가을에-

거룩한 밤

모든 사람과 가축이 잠들고
별들만 반짝이는
고요한 밤

참신(神)이신 하나님이
처녀의 몸을 통해 아기로 태어나
이 세상에 오신 거룩한 밤이다

하늘의 수많은 천군(天軍)과 천사들이 기뻐
'지극히 높으신 하나님께는 영광이요
하나님이 기뻐하시는 사람들에게는 평화로다!'

전능하신 하나님께 찬송하는
감격의 밤, 거룩한 밤
하늘 문이 열린 밤이었다

그 아기 예수는
하나님의 아들이요

세상을 죄에서 구원하실 구주요

기뻐하시는 사람들과 항상
함께 계시는 하나님
임마누엘이시라.

-2021. 12. 24. 성탄절 전야에-

희망의 징검다리 12월

쌀쌀한 바람이
옷깃을 여미게 하는 12월

한 해가 가고
한 해를 맞이하는
희망의 디딤돌 징검다리다

두들겨보고 신중히 가자
채우려는 탐욕을 버리고
나누며 비우며 함께 가자

더욱 달구어진 꿈을 안고
후회 없이 한 해를
또다시 맞이하자

희망을 가득 담아 줄
소중한 선물이다.

-2021년 12월에-

아름다운 황혼 인생으로

열두 개의 디딤돌 징검다리
마지막 디딤돌 12월이다
감성에 쉽게 휘둘리지 말고
분위기에 가볍게 흔들리지 말자

이러쿵저러쿵 따지지 말고
모든 일에 감사하고
용서하고 사랑하자

하늘을 우러러 한 점
부끄러움 없는 삶을 살고
아름다운 황혼 인생으로
새해를 맞이하자.

-2021년 12월에-

우리의 사랑 때문에

창밖 저 멀리 서쪽 산언덕에
벌건 둥근 해가
멋지게 걸터앉았다

황금빛 석양에 감싸여
서산 너머로 사라지고
땅거미가 스멀스멀 내려앉으니

금새 세상이
어두움에 깊이
묻혀 버린다

세상은 어둡고 캄캄하나
그래도 별들이 있어
하늘은 아름답구나

캄캄한 어둠 속에서도
하늘이 아름다운 건

별들이 있기 때문이듯

조건 없이 주는
우리의 사랑 때문에
세상이 더 아름답고

우리의 친절한 배려 때문에
삶이 더욱 아름다우면
참 좋겠다.

-2021년 12월에 창밖을 바라보며-

두 손 불끈 쥐어 본다

하루를, 한 달을, 그리고
일 년을 살아왔다. 달랑
하루만 남았다

지그시 눈을 감고
돌아보며 생각해 본다
'세월 참 빠르다!'

받은 은혜와 사랑
너무 많고 커서 감사!

바쁘게 달려 왔으나
이렇게 살아 있으니 감사!

뒤돌아보면
부끄러움 너무 많아 참회

그래도 희망을 가득 담아

또 다시 새해를 안겨 주시리니
감사!

다짐하며 또다시
두 손 불끈 쥐어 본다.

-2021년 12월 30일 연말에-

고향 생각

까~악 까~악 까치 소리에
아침 햇살이 드리운
창밖을 바라보았다

대여섯 마리의 까치들이
벌거벗은 나뭇가지 틈새에 있는
낡은 까치집 주변에 모여들었다

태어나 자랐던 집이 그리워
찾아든 것은 아닐까 생각이 되니
갑자기 고향 생각이 난다

고향을 떠난 지 어언 60년
목회생활을 은퇴하니
마음의 여유가 생겼나 보다

굴렁쇠를 굴리며
한 바퀴 두 바퀴

신나게 달리던 동네 길

어둑해진 초저녁이면
노래를 부르며
홀로 걸었던 뒷산 오솔길

설 명절이면 새 옷 입고
어르신들을 찾아뵈며 세배하고
떡국 먹던 정겨웠던 집들

그리고 제기 차고, 윷놀고
자치기 하며 재미있게 놀던
친구들이 생각난다. 그런데

지금은 오솔길도 없어지고
동네 길도 그 길이 아니고
친구들도 보이지 않는다

황혼의 언덕에 올라
이 세상
저 세상을 바라본다.

-2022년 1월에-

힘차게 새해를 시작하자

새해 첫날 아침, 황금빛
둥근 해가 발갛게
동녘 하늘 물들이며
찬란하게 솟아오른다

희망 가득한 새해가
활짝 열렸다
참으로 기쁘다
감사하다

마음에 잉태한 꿈
가슴을 달구었던 꿈
희망의 꿈을 품고
힘차게 새해를 시작하자.

-2022년 새해 첫날 아침에-

버려진 까치집

벌거벗은 나무
높은 곳에 버려진
까치집 하나가 텅 빈 채
한겨울 찬바람에 시달리고 있다

나뭇가지, 진흙을 물어오느라
입이 헐고 꼬리가 빠져도
지칠 줄 모르고 지은 집인데
1년만 살다가 미련 없이 버렸구나

날짐승도 이렇게
혼신을 다해 지은 집이지만
시절이 지나면
미련 없이 버리고 떠나는데

만물의 영장인 사람은
끝까지 움켜쥐려고만 하다가
결국은 후회하며

빈손으로 떠난다

그러나 돌아갈 세상의
영원한 삶을 사모하며
준비하는 사람은
참으로 지혜롭고 행복하다.

-2022년 1월 한겨울에-

나는 행복하구나

밤이 깊었구나
글을 쓰다 보니 01시 35분인데
'나는 행복하구나'
입술이 살며시 고백하고 있다

팔순이 넘었는데
호화로운 집은 없어도
통장은 넉넉하지 않아도
감사하기만 하다

인생 고비고비 넘고 넘어
인생 굽이굽이 돌고 돌아
오늘 여기
황혼의 언덕까지 왔구나

모두가
지극히 크신 이의
한결같은 사랑과

인도하심이었으니

영원한 집으로 돌아갈 언덕을
즐겁게 내려갈 준비가 되었으니
모든 것이 감사하다
참으로 나는 행복하구나.

-2022년 1월 30일 깊은 고요한 밤에-

세월아

세월아!
너는 벌써
새해 출발선을 지나
한 달을 넘어 달려가고 있다

설 명절에 잠시
쉬어 가지도 않는구나
앞만 보고 계속
달려가기만 하는구나

돌아보지도 않는구나
변함도 없구나
초속 30킬로미터로
밤낮 달리기만 하는구나

대답도 없구나
붙잡히지도 않는구나
피곤하지도 않으냐

지겹지도 않으냐

되돌아오지 않으니 그저
함께 가야 한다는 거구나
할 일 미루지 말고 하루하루
최선을 다 하라는 거구나.

-2022년 2월 2일에-

*지구 공전 속도 초속 29.77km, 시속 107,172km

모든 것이 감사하다

지난밤 잘 잤으니 감사
아침에 눈을 떴으니 감사
아름다운 것들을 또 볼 수 있으니
감사하다

사랑하는 이들을 볼 수 있고
그들의 말을 들을 수 있고
사랑을 나눌 수 있으니
감사하다

하루를 더 살게 된 것이 감사
걸을 수 있으니 감사
할 수 있는 일이 있으니 감사
기댈 곳이 있으니 감사하다

햇빛과 햇볕이 공짜이니 감사
공기도 공짜이니 감사
빗물도 공짜이니 감사

바람도 공짜이니 감사하다

낮과 밤도 공짜이니 감사
매일 호흡하는 560만 원어치
산소도 공짜이니 감사
언제나 기도할 수 있으니 감사

모든 것이 감사하다.

-2022년 2월 4일에-

* 하루 산소 값 약 560만 원. 프랑스의 93세 할아버지가 코로나19에 감염되어 24시간 동안 공급받은 산소 값이 50만 프랑, 한화 약 560만 원이었다.

벚꽃의 아름다운 정신

다시 돌아온 봄바람에
활짝 핀 벚꽃
먼 남쪽 땅에서 인기 좋더니
어느새 창밖에 달려와 있구나

인사하러 왔느냐
소식 전하러 왔느냐
자랑하러 온 거냐
누구를 위해 온 거냐

벚나무 길 따라 달려오며
차가운 눈송이들을 털어 내고
하얀 꽃으로 벚나무마다 가득 채워
모두를 기쁘게 환희의 봄 향연을 베푸니
네 그 정신이 참으로 아름답구나

남을 위하는 그 이타적인 정신
모두를 기쁘게 하려는 그 박애정신

평화의 강물이 흐르게 하려는 그 정신
너의 그 아름다운 정신을 잃지 말거라
너의 그 초심을 항상 기억하거라.

-2022년 4월 9일 창밖 벚꽃을 바라보며-

아카시아꽃

한층 따스해진 5월의 햇살에
사랑을 흠뻑 머금은 향기로
아름답게 피어난 아카시아꽃

작은 바람에도 하늘거리며
사랑과 감사한 마음을 나타내니
모두가 기뻐한다

따스한 햇살도 내려와 감싸주고
소소한 바람도 달려와 쓰다듬어 주고
꿀벌도 신나게 달려와 꿀을 퍼가고
양봉가들도 바삐 달려와 기뻐한다

꿀도 꽃술도 씨앗도 다 내어 주고
꽃도 식자재로 내어 주고
잎도 사료로 내어 주고
몸뚱이마저 목재로 내어 주니

아낌없이 모두 다 내어 주는
너의 그 숨겨둔 사랑이
너무너무 고결하고 아름답구나.

-2022년 5월 11일에-

잡초처럼

생명 기운 가득한
따스한 햇살을 받으며
대망의 봄
동토에 다시 오니

잡초들이 먼저
생명을 얻고 움터 올라
회색 땅을 푸른 세상으로
금새 바꾸어 놓는다

가장 낮은 흙바닥에
일찍이 자리 잡은 잡초들
그 겸손함과 그 청초함이
참으로 의연하고 아름답구나

누가
'나는 잡초처럼
보잘것없는 존재다' 라고

말하느냐?

잡초도
특별한 존재 의미가 있어
바로 지금의 그 자리에
있게 된 것이다.

-2022년 5월 봄날에-

더 열심히 준비하자

달려온 찬바람이
11월 늦가을을 몰고 오니

하늘은 더욱 높고
가을은 더욱 깊어 가는구나

단풍은 산자락에서 더욱
발갛게 불타고

가로수는 낙엽으로
인도를 덮어 가는구나

나무도 겨울 대비하느라
열심히 낙엽을 만들어 가듯

나도 다음 세상 준비를
더 열심히 해야겠구나.

-2021. 11. 늦가을에-

제 5 부

아름다운 낙엽 인생

어느 바람에 지는 줄도 모른 채
땅에 떨어지기까지는 순간이었으나
낙엽지기 전의 마지막 모습은
봄꽃보다 더 아름다운 단풍이었다

잡초의 충성

필요 의무를 띠고
이 땅에 보내진 잡초들이
온 들녘에 풍성한 5월이다

잡초는 이슬을
밤이 새도록 촉촉이 머금고
땅속으로 흘러가 생명을 살리는
생수가 되게 한다

비가 많이 내릴 때는 논밭
둑이 무너지지 않도록 막아주고
경계도 지켜 준다

햇볕이 뜨겁고 땅이 건조할 때는
땅속의 생수 소모를 줄여주고
먼지의 피해를 막아준다

진흙땅엔 뿌리를 튼튼히 내려

토질을 부드럽게 하고
식물이 잘 자라도록 돕는다

차갑고 매정한 서리에 무너지면
잡초는 땅속에 씨와 뿌리를 숨기고
'반드시 봄은 다시 온다'

희망을 품고 인내하며
다음의 존재 의미를 위해
길고 모진 겨울을 이겨 낸다.

-2022년 잡초가 풍성한 5월에-

꿀벌의 가족 사랑

따스하고 축제 같은 5월
풍성한 꿀벌 집 잔칫날에
갑자기 전쟁이 벌어졌다
천적인 말벌이 침입한 것이다

5, 6배 더 크고 사나운 말벌을
각개 전투로는 이길 수 없어
말벌 주위를 함께 에워쌌다
그리고 목숨 걸고 날개 짓을 한다.

말벌은 고온에 약하다는 약점을
알기 때문이다. 결국
말벌은 죽었고 꿀벌은 성공했다
45도까지 온도가 올라간 모양이다

꿀벌도 몇 마리 죽었다
말벌의 공격을 이기지 못했고
가족을 지키기 위해 포위망을

결코 풀지 않은 희생이었다

'내가 죽어 가족을 살리자'
가족을 구원하기 위해
적극 협력하고 희생한 사랑이
참으로 아름답고 귀하다.

-2022년 5월 화창한 봄날에-

*말벌은 45도에 죽고 꿀벌은 48도에 죽는다고 한다.

꿀벌 천사

부쩍 따가워진 여름 햇볕 아래
곱게 피어난 이 꽃 저 꽃을
꿀벌들은 바쁘게 찾아다닌다

꽃은 꿀벌들에게 꿀을 내어 주고
꿀벌들은 꽃에 수분(受粉)을 하여
농작물과 채소와 과일 생장에
결정적 역할을 한다

그래서 꿀벌은 우리에게
달콤한 꿀을 공급해 주고
우리의 식생활뿐만 아니라
건강과 미용에도 큰 영향을 준다

꿀벌의 수분을 통해 나온 작물은
젖소 등 가축들의 먹이에도
큰 영향을 주고

꿀벌은 생태계 전체
인류 생존의 문제에
큰 역할을 하니

꿀벌은 진정
우리의 생존을 돕는 천사
꿀벌 천사다.

-2022년 6월에-

능소화(금등화)

핑크빛 속마음을 감추지 못하고
더욱 얼굴 빨개진 황금빛으로
화려하게 피어난 능소화

길가 담장 벽에 기대어
하늘 높은 줄 모르고 피어올라
영화의 금빛화관 줄을 하늘거리니
과연 너는 금등화로구나

잎은 무성하고
꽃은 화려하나
열매는 없으니

교만하지 말고 겸손하라
외식(外飾)하지 말고 향기를 발하라
조매화(鳥媒花)임을 기억하라

수분(受粉)해 줄 새를 만나지 못하면

아무것도 아니다
열매를 맺지 못하면 존재 의미가 없다

높이높이 피어 올라
멀리멀리 뿜어낸 향기로
희망의 새를 만나 열매를 맺거라.

-2022년 7월에-

*능소화는 수정을 곤충이 하는 게 아니라, 새가 수분(受粉)을 해줘야 하는데, 꽃의 깊이가 좀 깊어서 꽃의 특성상 새도 부리가 긴 새가 수정을 해줘야 하기 때문에 열매를 보기가 어렵습니다.
*외식(外飾) : 겉치장.

매미의 애절한 노래

벌써 여름이 깊었는가 보다
매미의 애절한 노래가
녹음 짙은 초목을 흔들어 깨우고
바람에 실려 멀리멀리 울려 퍼진다

승리의 환호성이냐
절박함의 사랑 노래냐
꿈을 이루려는 몸부림이냐

뜨거운 여름 햇살과
아름다운 자연에서 날며
노래를 부르는 너의 모습이
개선장군 같고 아름답구나

5년 11개월 동안 땅속에서
네 번이나 허물을 벗으며
애벌레로 살아야 했던
고난의 삶

흙을 비집고 나무등걸을 기어올라
마지막 껍질을 벗고
또다시 태어나야만 했던
죽음의 골짜기를 지나

하늘을 날게 되고
꿈을 이룰 희망을 얻었으니
너의 그 고진감래의 삶이
참으로 고귀하고 아름답구나

꿈을 이루기 위해
이제 마지막 4주간을 매미로 살며
목숨 내놓고 짝을 부르는 절박한
몸부림의 사랑 노래

너는 그렇게 한 달을 살며 기어코
꿈을 이루어 존재가치를 드러내고
새나 다른 벌레의 먹이가 되니

목숨을 걸지 않으면 꿈을 이룰 수 없기에
고진감래의 삶을 산 너의 삶과 노래가
안일한 마음을 찡하게 헤집고
잠든 영혼을 깨우는구나.

-2022년 8월 여름에-

이제 겨울답구나

회색 구름이 하늘과
땅을 갈라놓으니
흩날리는 눈은 지면을
하얗게 덮어 가는구나

바람은 차갑고
거리엔 사람이 없고
긴급출동 차 소리만 들려오니
이제 겨울답구나

선생은 선생다워야 하고
학생은 학생다워야 하듯이
사람은 인간다워야 하고
사회적 신분다워야 하는데.

-2022년 1월 중순에-

참 빛 비쳐 오니

뒹굴던 바람이 스러져 가고
우울한 구름이 떼지어 갔네
심술궂은 비가 멋쩍어 섰고
어두움이 놀래어 손들고 갔네

온 누리에 가득한 찬란한 햇빛
나뭇가지 입 다문 고요한 아침
수난당한 만물이 더욱 새롭고
움츠렸던 새들이 평화를 노래하네

궂은 비 미친바람 사라지고
구름과 어두움이 걷히듯이
심령(心靈)에 참 빛 비쳐 오니
어두움이 물러가고 마음이 낙원이네.

-1985년 11월 20일 아침에-

〈몇 날 동안 계속된 짜증스럽던 늦가을 궂은비, 심한 바람, 검은 구름이 어두운 밤과 함께 물러가고 찬란한 햇빛이 따사하고 온화하게 온 누리에 가득한 평화로운 아침에 마당을 거닐며.〉

*참 빛: 어두움을 몰아내고 모든 생물을 살리는 햇빛,
영혼을 깨우고 살리는 그리스도의 생명의 빛.

아름다운 낙엽 인생

아름답던 단풍잎이 한순간에
빙그르르 휘돌며 낙엽이 되어
춤을 추며
아름답게 바닥으로 내려앉았다

어느 바람에 지는 줄도 모른 채
땅에 떨어지기까지는 순간이었으나
낙엽지기 전의 마지막 모습은
봄꽃보다 더 아름다운 단풍이었다

나의 말년 인생 모습도 그렇게
더 아름다운 단풍(삶)이고
더욱 아름다운 낙엽(죽음)이고 싶구나.

-2021년 늦가을에-

언약 대로라

감나무 밤나무 벌거벗었네
홍시도 아람도 모두 갔다네
이런들 저런들 곧은 대나무
설한풍 다시 온들 곧은 대로라

비구름 찬바람 너울 벗었네
오늘이 지루해 그만 갔다네
이런들 저런들 찬란한 태양
비구름 다시 온들 빛난 대로라

간밤이 어제를 갈라 놓았네
까치새 다른 담 기웃거리네
이런들 저런들 버틴 바윗돌
칠흑이 다시 온들 정(定)한 대로라

뜬구름 제자리 정(定)할 수 없네
어제도 오늘도 모두 다르네
이런들 저런들 푸른 소나무

먹구름 다시 온들 푸른 대로라

훈풍도 한풍도 뼈가 없다네
임의로 왔다가 모두 간다네
이런들 저런들 굳은 내 마음
혹풍(酷風)이 다시 온들 언약 대로라.

-1985년 12월 4일 비, 구름, 바람이 어두운 밤과 함께 물러간 초겨울 해밝은 아침에 마당을 거닐며-

희망을 심는 1월

아침 햇살이 아름답게
온 누리에 드리우며
새해가 밝았다
1월이 열렸다

소원을 품고
희망의 기지개를 켜며
다시 시작하겠다는
다짐이 뜨거운 1월이다

'앞으로 열두 달이다'
긴 여유를 가지고
새롭게 시작하는
축복의 달이다

눈물, 땀, 피 없이는 거둘 수 없는
풍성한 꿈의 열매를 바라보며

씨를 뿌리러 나아가야 하는
희망을 심는 1월이다.

-2022년 1월 3일에-

새별은 어디 있느냐

동녘 하늘 벌겋게 물들이며
아침 해 힘차게 솟아오르니
온 누리 덮어 눌렀던 어두움이
맥을 못 추고 사라졌다

마지막 노을빛마저
서산 너머로 미끄러져 가니
어두움이 스멀스멀
땅거미로 다시 내려앉는다

어느새 용의 탈을 쓴 자들이
이 골목 저 골목 대장으로 서니
검침한 확증편협증 파리 떼들이 뭉쳐
스멀스멀 금수강산을 어둡게 덮어 간다

다 치우쳤구나

아, 동방의 이 대한민국을

빛으로 미래로 세계로 인도할
새 별은 어디 있느냐?

-2022년 대선을 앞둔 1월에-

*검침한 : 마음속이 검고 구린.

설날이면

설날이다
전 국민의 잔칫날이다
그래서 대 명절이라고
하는가 보다

설날이면 흩어져 있던
가족들이 모여들고
떡국 먹고 세배하고
즐겁게 사랑을 나눈다

설날이면
일 년 내내
탈 없이 지낼 수 있도록
조심하자고 다짐을 한다

몸가짐을 조심하자
말을 조심하자
행동을 조심하자

마음에 깊이 새기자!

-2022년 2월 1일 설날에-

*설은 '사린다', '사간다' 란 말에서 유래한 것인데, '삼가다', '조심하다' 의 뜻을 가지고 있다.

* 쇠다는 몸가짐이나 언행을 조심하여 나쁜 기운을 쫓아낸다는 말이다. 그러므로 설날은 일 년 내내 탈 없이 잘 지낼 수 있도록 언행을 조심하라는 깊은 뜻을 새기는 명절이다.

희망을 전해 주는 제비꽃

차가운 바람에 시린 산비탈
길가 양지에
소리 소문 없이 피어난 제비꽃
방글방글 나를 반기며

모진 겨울을 이기고
기어이 봄이 오고 있다
보랏빛 눈빛으로
희망을 전해 준다

말라버린 채 추위에 떨며
철저히 외면당한 들풀 속에서
홀로 피어난 제비꽃

들레이지 않고
검박(儉薄)한 들꽃 모습

그대로이니 더욱 아름답구나.

-2022년 3월 길가의 제비꽃을 바라보며-

*검박(儉薄)한 : 순박하고 꾸밈이 없는.

그래도 별들이 있어

창밖 저 멀리 서쪽 산언덕에
벌~건 둥근 해가
멋지게 걸터앉았다

황금빛 석양에 감싸여
서산 너머로 사라지고
땅거미가 스멀스멀 내려앉으니

금새 세상이
어두움에 깊이
묻혀 버린다

세상은 어둡고 캄캄하나
그래도 별들이 있어
하늘은 아름답구나.

-2021년 12월에 창밖을 바라보며-

우리의 사랑과 배려 때문에

캄캄한 어둠 속에서도
하늘이 아름다운 건
별들이 있기 때문이듯

조건 없이 주는
우리의 사랑 때문에
세상이 더 아름답고

우리의 친절한 배려 때문에
삶이 더욱 아름다우면
참 좋겠다.

-2021년 12월에 창밖을 바라보며-

칭찬과 감사는 행복 열쇠

신 의 균

〈관창초등학교 1학년 신대철 할아버지〉

"할아버지! 오늘 선생님한테 칭찬 쿠폰 받았어요."

"그래, 잘했다. 참 좋겠다."

"뭘 잘해서 칭찬 쿠폰 받았니?"

"공부하는 자세가 바르다고 주셨어요."

그 다음 날은 교장 선생님이 주셨고, 그 다음엔 교감 선생님이 주셨다고 좋아한다. 얼마나 좋아하는지 얼마나 행복해 하는지, 참으로 좋은 선생님들 참으로 좋은 교육 방법이구나 나도 덩달아 흐뭇하고 행복하다.

대철이가 갓난아기 때, 말도 못할 때, 가끔 품에 안고 "우리 대철이는 잘 놀고, 우리 대철이는 잘 먹고, 우리 대철이는 잘 싸고, 우리 대철이는 잘 잔다. 우리 대철이는 예쁘고, 우리 대철이는 잘 자라고, 우리 대철이는 강하다. 우리 대철이는 아름답고, 우리 대철이는 지혜롭고, 우리 대철이는 위대하다."

사랑스럽고 귀한 네 얼굴을 내려다보며 자장가처럼 불러 주곤 했다. 그건 칭찬이었고 소망이었고 간절한 당부였고 행복한 미래를 그리며 부른 노래였다.

그런데 놀라운 건 너는 그런 모습으로 자라왔고 자라 있고 그래서 그렇게 될 것이란 확신이 이 할아버지를 행복하게 한단다.

네가 겨우 말을 하기 시작할 때, 2006년 12월쯤부터 가끔 너는 "행복해!"라는 말을 해 식구들을 놀라게 했던 일, 그리고 지금 초등학교 1학년인 네가 할아버지가 데리러 갔던 때마다 언제나 개선장군처럼 행복한 모습으로 교실에서 나오는 너의 그 당당함이 집에서나 학교에서나 사랑을 먹고 칭찬을 먹고 자라는 열매라 여겨져 행복하구나.

지난여름이 네겐 처음 여름방학이었는데 너는 내게

잔잔한 감동을 주었단다. 여름방학 숙제도, 엄마가 사준 문제집도 시간표 대로 너는 다 해냈고, 창의력을 요구하는 영재 수학도, 인터넷 문제 풀이도…….

엄마는 출근하고 없어도 낮에는 언제나 할아버지 집에서 너는 엄마가 만들어 준 계획표 대로 스스로 모두모두 다 해냈지. 엄마와의 약속을 지키고, 계획한 것을 그대로 실천하려는 너의 그 노력과 최선을 다하려는 너의 모습이 얼마나 대견한지.

최선을 다하며, 칭찬을 먹고 사는 대로 너의 꿈대로 너는 그렇게 되어 갈 거다. 나의 자랑이고 행복인 대철아! 네가 숨을 쉬고 있는 한은 '오늘, 지금 내가 최선을 다 해야 할 일은 무엇인가?' 를 생각해 보고, '최선을 다 해라. 최선을 다하는 삶은 최대의 삶이다.'

사랑하는 대철아! 너는 칭찬받는 사람이 되어라. 어떤 사람이 칭찬받는 사람일까?

첫째는 말 잘 듣고 순종하는 사람이다.

둘째는 맡은 일에 최선을 다하는 사람이다.

할아버지의 기쁨인 대철아!

다른 사람을 칭찬하는 사람이 되어라.

'칭찬은 더 나은 삶을 향해 달려가게 하는 에너지(힘)란다.

미국 캘리포니아에서 사는 오렌지 농장 주인이 매일 아침 오렌지 밭을 오가며 "나는 너를 사랑한다. 참 예쁘다. 잘 자라는구나. 정말 고맙다"라고 칭찬하면 벌레도 안 먹고, 병도 안 들고, 맛도 좋고, 잘 자란다고 했다.

육군 3사단 포병연대 내무반에서 양파 실험을 했단다.

2006년 2월에 연합뉴스와 조선일보 신문에 놀라운 양파 실험 결과를 보도한 바 있는데, 칭찬과 폭언과 욕설이 생물에 미치는 영향 실험 결과, 성장에 큰 차이가 발생했단다. 두 개의 컵에 양파를 담고 아침저녁으로 지나칠 때마다 "너는 잘 자랄 거야, 너는 파릇파릇 싹이 나고 줄기가 뻗을 거야."

칭찬한 양파는 성실하고, 파란 줄기가 곧게 잘 자라고, 그러나 "너는 썩을 거야, 너는 싹 나기 글렀어, 너는 절대로 뿌리 내리지 못해." 저주를 퍼 붓 양파는 비뚤어지고, 자라지 못하고, 반드시 썩고 말았단다.

칭찬받는 사람이 되면 행복하고, 칭찬하는 사람이 되면 행복하게 하니 칭찬은 행복 열쇠구나! 칭찬, 너도 받고 친구도 받으면 행복이 배가 되겠네!!

"대철아! 오늘 학교에서 재미있었니?"

"네"

"대철아! 오늘 체육관에서 재미있었니?"

"네"

네가 끝나고 돌아올 때면 언제나 할아버지는 그렇게 물었고, 너는 신나게 "네, 재미있었어요!"라고 늘 그렇게 대답을 했지.

"공부 잘했니?"

"검도 잘했니?"

지금까지 한 번도 그렇게 물은 적이 없다. 공부도

재미있게 하고 검도도 재미있게 배우기를 바라기 때문이다.

그런 대답이 내겐 얼마나 기쁘고 행복한지 너는 눈치 채지 못했을 거다. 그래, 공부도 잘하려고 애쓰지 말고 지금처럼 재미있어서 하고, 검도도 재미있어서 하거라.

네 대답처럼, 초등학교 1학년인 네가 집에서 노는 것보다 학교생활을 더 좋아하니, 할아버지 할머니는 '저것이 초등학교에 들어가면 잘해 낼까!' 괜한 걱정을 했구나.

"대철아! 너 오늘 학교에서 선생님한테 감사한 일 있었지?"

"네"

"그러면 끝나고 교실에서 나올 때 '안녕히 계세요' 인사하지 말고, '감사합니다. 안녕히 계세요' 하고 인사하고 오면 어떨까?"

"그러면 좋겠네요."

"학교에 가면 선생님한테 감사한 일이 많고, 집에

서는 엄마 아빠한테 감사한 일이 많고, 할머니한테도 감사한 일이 많지?"

"네"

"그러면 매일 감사한 일을 노트에 써 보면 어떨까?"

"좋겠네요."

할아버지는 그렇게 물었고 너는 그렇게 대답했지.

할아버지가 대천 시내 가게에서 필요한 물건을 사 가지고 나오면서 주인에게 "감사합니다!" 인사를 했더니 이상하다는 눈빛으로 바라보는 주인이 있더구나. 나는 정말 감사해서 감사했을 뿐인데 말이다.

내가 꼭 필요한 물건을 살 수 있도록 그곳에 준비해 놓았고 내게 팔았으니 얼마나 감사한 일이냐?

대철아! 조금만 생각해 보아도 감사하지 않은 일이 없단다.

일본에서 경영의 신으로 불리는 '내셔널 파나소닉'이라는 세계적인 회사를 만든 마쓰시다 고노스게라는 분은 자신에게 하늘이 준 3가지 은혜를 감사한다고 말했다.

첫째로 가난한 집에서 태어났기 때문에 부지런히 일해야 살 수 있다는 진리를 깨달았고,

둘째로 약하게 태어났기 때문에 건강의 소중함을 깨달아 90세까지도 건강하게 살 수 있었으며,

셋째로 초등학교도 졸업하지 못했기 때문에 이 세상의 모든 사람을 스승으로 삼았던 것이 자신의 성공 비결이라고 했다. 그러니 가난한 집에서 태어난 것도, 약하게 태어난 것도, 초등학교도 졸업하지 못한 것도 감사하다고 말한 것이다.

볼 수 있고, 들을 수 있고, 만질 수 있고, 느낄 수 있고, 먹을 수 있으니 감사하고, 엄마 아빠 계시고, 할아버지 할머니가 계시고, 훌륭한 학교와 선생님들이 계시니 감사하고, 네가 관창초등학교에 다니게 된 것도 감사하고, 충청남도에 태어난 것도 감사하지?

사실은 대철아! 할아버지는 네가 초등학교를 졸업하면 서울로 보내서 공부를 시켜야겠다는 생각도 했었단다. 왜냐하면 26년 전 우리가 서울에서 살다가 할아버지 일로 이곳으로 왔을 때 너의 고모가 서울 용

산여중 1학년 1학기를 다니고 대천○○여중에 전학을 했는데 첫 학기 공부 성적이 전교 1등을 했지. 그래서 고등학교는 대전으로 보냈는데, 대전 학생들 학업 수준이 서울과 대천 사이라고 생각을 했기 때문이란다. 그런데 네가 다니는 관창초등학교는 언제나 정리정돈이 잘 되어 있고 깨끗하고, 인성교육 등 학생들을 사랑하시는 선생님들의 눈빛이 빛나고 교장 선생님도 모든 선생님들도 제자들을 최선을 다해 잘 가르치겠다는 열정이 대단하시다는 것을 느꼈다.

뿐만 아니라, 며칠 전에 "작은 사랑 큰 기쁨 나누는 행복"이라는 책을 통해서 '바른 성품 5운동' 정책을 적극적으로 실천해 나가는 충청남도교육청의 아름다운 모습에 할아버지가 감동을 받았단다. 그러니 사랑하는 내 손자가 다니는 관창초등학교가 감사하고 도교육청이 너무너무 감사하구나, 과연 우리 대철이는 행복한 사람이네!

노르웨이에 전해지는 말이 있단다.

사탄이 지구에 내려와 각종 씨앗들, 즉 미움, 시기, 슬픔, 눈물을 마구 뿌려 많은 열매를 거두었다고 한다. 그런데 유독 한 동네에서만은 효력이 없었다. 이유를 알고 보니, 그 동네 이름은 '기쁨'이었는데 그곳 사람들은 어떤 슬픈 상황과 절망적인 처지에서도 언제나 감사하며 살더란다. 여기서 '감사하는 마음에는 사탄이 씨앗을 뿌릴 수 없다'는 노르웨이의 속담이 나왔단다.

너도 감사하며 살거라. 감사하며 살면 미움도 시기도 슬픔도 없고 행복하단다.

사랑하는 대철아!

해야 할 일을 재미있어서 최선을 다하고 모든 일에 감사하면, 칭찬받는 사람 되고, 좋은 점만 보고 칭찬하고 감사하는 사람이 되면 시냇가에 심겨진 무성한 나무처럼 잘되고 번성하고 그늘 되어, 기쁨을 주고 행복 문이 활짝 열릴 것이다.

2011년 10월 17일

신의균 시집
우리도 그렇게 살자

초판 인쇄 2022년 11월 25일
초판 발행 2022년 11월 30일

지은이 | 신의균
펴낸이 | 김효열
편 집 | 이미정

펴낸곳 | **을지출판공사**

등록번호 | 1985년 2월 14일 제2-741호
주 소 | 서울시 마포구 양화진길 41, 603호
우편번호 | 04083
대표전화 | 02) 334-4050
팩시밀리 | 02) 334-4010
전자우편 | ejp4050@hanmail.net

값 15,000원

ISBN 978-89-7566-220-1 03810